ALLOCUTIONS ET DISCOURS

PRONONCÉS A L'OCCASION DE LA MORT DE

M. ORTLIEB

PROFESSEUR A LA FACULTÉ DE DROIT DE NANCY

AVOCAT A LA COUR D'APPEL

NANCY

IMPRIMERIE BERGER-LEVRAULT ET Cⁱᵉ

RUE JEAN-LAMOUR, 11

MÊME MAISON A PARIS

1879

ALLOCUTIONS ET DISCOURS

PRONONCÉS A L'OCCASION DE LA MORT DE

M. ORTLIEB

PROFESSEUR A LA FACULTÉ DE DROIT DE NANCY

AVOCAT A LA COUR D'APPEL

NANCY

IMPRIMERIE BERGER-LEVRAULT ET Cⁱᵉ

RUE JEAN-LAMOUR, 11

MÊME MAISON A PARIS

1879

Le 28 juin 1879, M. Jules Ortlieb, professeur à la
Faculté de droit, avocat à la Cour d'appel, succombait,
à peine âgé de 31 ans, aux atteintes d'une courte maladie. Cette mort, qui le frappait dans toute la force de
l'âge et du talent, a excité une émotion universelle à
Nancy, où M. Ortlieb avait su se faire estimer de tous
et aimer de ceux qui le connaissaient personnellement.

Le jour même, à l'ouverture de l'audience de la première chambre de la Cour, M. le président Briard se
faisait l'interprète éloquent des sentiments de la magistrature et rendait à l'avocat et au professeur un témoi-
gnage ému auquel s'associait aussitôt, au nom du barreau, un des anciens de l'Ordre, Me Lallement. Le
lendemain, une foule attristée rendait les derniers
devoirs à celui dont la mort avait si prématurément
brisé la carrière. En tête du char funèbre marchaient
presque tous les étudiants de la Faculté et un grand
nombre d'anciens élèves de M. Ortlieb portant des
fleurs blanches et des couronnes, et donnant ainsi au

professeur qu'ils aimaient une dernière et touchante marque d'affection. Derrière le cercueil, recouvert de la robe rouge et entouré de fleurs et de verdure, venaient les collègues du défunt en costume. Venaient ensuite les membres de la magistrature, du barreau, de l'Université et un nombreux concours d'amis, parmi lesquels beaucoup de représentants de la colonie alsacienne, compatriotes de M. Ortlieb. Les cordons étaient portés par les délégués des Facultés et de l'École de pharmacie et par le bâtonnier de l'Ordre des avocats.

Au temple, M. le pasteur Schmidt; au cimetière, M. le doyen Jalabert, au nom de la Faculté; M. Larcher, pour le barreau; pour les étudiants M. Norberg, ont successivement pris la parole. M. Schmidt avait rappelé les vertus de l'homme et du chrétien. M. Jalabert a retracé la vie si courte, si austère et si laborieuse du professeur. M. Larcher a raconté la vie de l'avocat : il a exprimé la sympathie et la douleur de l'Ordre tout entier. Au nom des étudiants, M. Norberg a dit ce qu'avait été le professeur pour ses élèves et quel était leur deuil en présence de cette tombe.

Enfin, le 30 juin, M. le président Demontzey exprimait la part que le Tribunal civil prenait à l'affliction de tous, et le même jour, M. Baradez, président du Tribunal de commerce, montrait en quelques mots que tous ceux auxquels il avait été donné d'apprécier M. Ortlieb se sentaient atteints du coup qui venait de le frapper.

Ses collègues de la Faculté de droit ont voulu conserver le souvenir de ces pieux hommages. Ils ont pensé aussi que ses amis du dehors, qui n'ont pu suivre son cercueil, voudraient connaître et garder les témoignages d'estime et d'affection que sa mémoire a recueillis de tous côtés.

Et, dans ce double but, la Faculté publie les allocutions et discours prononcés à l'occasion de ce cruel événement.

PAROLES

PRONONCÉES PAR M. BRIARD

PRÉSIDENT DE CHAMBRE

A L'OUVERTURE DE L'AUDIENCE DU SAMEDI 28 JUIN 1879

MESSIEURS,

La Cour ouvre aujourd'hui son audience sous le coup
d'une bien douloureuse impression. Elle vient d'apprendre la mort d'un des bons avocats qu'elle aimait à entendre, de M. Ortlieb, dont la force n'a pu triompher
de la pernicieuse maladie dont il était atteint. Quoique
bien jeune encore, M⁰ Ortlieb avait pris, en quelques
années, une place considérable au barreau de Nancy.

Doué d'une rare intelligence, d'une grande sagacité
et d'un esprit vigoureux qu'avait encore fortifié l'étude
du droit, et aussi d'une merveilleuse facilité de parole,
il n'était pas moins remarquable à la barre dans les luttes d'audience, que dans sa chaire, où il professait avec

une autorité bien supérieure à son âge. La Cour écoutait toujours, avec autant de plaisir que d'intérêt, ses plaidoiries substantielles, rapides et entraînantes, où la force des arguments et de la logique le disputait à la pureté et à l'élégance de la forme.

M. Ortlieb était de ceux qu'on peut surtout appeler les hommes de bonne volonté; animé de l'amour du travail, d'un zèle ardent, on peut même dire du feu sacré, il était toujours prêt. Il n'y avait pas pour lui d'affaires difficiles; il élucidait et simplifiait, en les synthétisant, celles même qui pouvaient paraître les plus compliquées. La Faculté et le barreau font une grande perte et qui sera bien vivement sentie.

La Cour plaint profondément la malheureuse mère qui vient, dans moins d'un an, de se voir ravir ses deux enfants. Elle s'associe, du fond du cœur, aux regrets du barreau de Nancy dont Mᵉ Ortlieb devait certainement prendre la tête, et dont il serait devenu, dans un prochain avenir, l'un des maîtres les plus forts et les plus distingués, destiné à l'honorer par la profondeur de sa science et par l'éclat de son talent.

A cette allocution prononcée par M. le président Briard, Mᵉ Lallement, avant de plaider, a répondu :

MESSIEURS DE LA COUR,

En me levant à cette barre que notre regretté confrère Ortlieb aimait tant, je veux, avant tout, remercier

M. le président de l'hommage qu'il vient de rendre, en termes si touchants et si élevés, à la mémoire de celui que nous avons perdu. Je n'essaierai pas, Messieurs, de redire ce qui a été si bien dit tout à l'heure par une bouche autrement autorisée que la mienne. Permettez-moi seulement d'évoquer un souvenir.

Il y a trois ans, presque jour pour jour, dans cette même salle où nous sommes [1], la Cour était réunie en audience solennelle pour juger une affaire de propriété forestière qui durait depuis 1793, et dans laquelle étaient intervenus plusieurs arrêts de cassation. Il s'agissait de dire le dernier mot sur ce procès [2]. Le dossier était des plus volumineux, les questions soulevées, des plus délicates et des plus difficiles. Ortlieb ne devait d'abord avoir dans cette affaire qu'un rôle d'intimé tout à fait secondaire et absolument effacé, portant sur un point particulier de procédure. Un avocat d'un autre barreau devait plaider comme intimé. J'étais appelant. Quinze jours avant les plaidoiries, Ortlieb vint me demander mon dossier en communication. « Allez-vous, lui dis-je, « vous engager dans l'étude de cette immense procé- « dure ? — Oui, me dit-il, je n'ai qu'un rôle secondaire, « je le sais, mais je n'en veux pas moins connaître à fond « toute l'affaire. » J'admirai ce zèle si rare, et vous allez voir, Messieurs, comme il fut bien inspiré. Au jour

1. La salle des audiences solennelles de la Cour.
2. Affaire de la commune d'Hugier contre la commune de Somay et autres. (V. *Recueil des arrêts de Nancy*, année 1877, n° 45, page 161.)

des débats, l'avocat étranger se trouva indisposé, il ne put que conclure. Ortlieb prévenu quelques heures seulement avant l'audience qu'il aurait à soutenir seul le fardeau du rôle d'intimé, se présenta courageusement et improvisa une plaidoirie magistrale qui lui valut tous les suffrages, ceux de la Cour d'abord, et tout particulièrement celui de son adversaire, bien placé pour apprécier la valeur d'un pareil travail. Depuis, Messieurs, nous avons vu notre confrère grandir sans cesse et c'est au milieu de succès réitérés que la mort vient de le frapper !....

M. LE PRÉSIDENT BRIARD : Mᵉ Lallement, la Cour vous sait gré d'avoir rappelé ce souvenir, resté présent à la mémoire de plusieurs de ses membres.

DISCOURS

DE M. JALABERT

DOYEN DE LA FACULTÉ DE DROIT

MESSIEURS,

Frappée dans ses plus vives affections, dans ses plus chères espérances, la Faculté de droit mène, pour la première fois depuis quinze ans, le deuil d'un de ses membres actifs, et c'est l'un des plus jeunes qu'elle est appelée à pleurer. Le 6 de ce mois, notre bien-aimé collègue faisait encore une de ses leçons de procédure civile avec sa précision et sa clarté habituelles ; dès le surlendemain il était atteint ; depuis, il ne nous a plus été donné de le revoir. Une maladie terrible, dont toutes les ressources de la science, toutes les inspirations du dévouement n'ont pu arrêter la marche implacable, nous l'a ravi. Pendant ces trois semaines, nous avons passé par toutes les alternatives d'espoir et d'anxiété, avertis du danger, appelant de toute notre âme un symptôme favorable et, jusqu'au dernier jour, voulant douter de la triste réalité. Aujourd'hui, chacun comprendra que, dans notre affliction, ce soit une triste douceur pour nous de retracer l'image de celui que nous avons perdu ; c'est remplir un devoir envers les siens que de dire simplement, comme il convient au bord d'une tombe, ce que fut au milieu de nous notre collègue et notre ami.

C'est en 1871, après la perte de notre chère Alsace, que nous avons recueilli, parmi les exilés du patriotisme, Jules Ortlieb ; il avait alors 23 ans. Après avoir suivi les cours de notre savante Faculté de Strasbourg, digne élève de maîtres éminents, distingué par eux, ayant obtenu tous les succès universitaires, il venait nous demander le grade de docteur, et sa thèse, une des meilleures qui aient été soutenues à Nancy, portait l'empreinte des plus sérieuses études.

Tel qu'il avait été sur les bancs de l'École, tel il se montra auprès de nous, révélant une véritable vocation pour l'enseignement. Admissible aux épreuves définitives du concours d'agrégation en 1872, élu agrégé en 1873, il venait aussitôt prendre place dans nos rangs, appelé par le vœu unanime de la Faculté.

Dès le début, il déployait les qualités maîtresses du professorat dans un cours complémentaire de Code civil, et l'un de ses disciples obtenait le second prix au concours général. Chargé, en 1875, du cours de procédure civile, il apportait dans ce difficile enseignement une méthode, une précision, une clarté qui commandaient l'attention et répandaient de l'intérêt sur cette branche du droit réputée la plus aride. C'est qu'il avait le sens pratique au plus haut degré, c'est qu'il savait vivifier cette étude des formes protectrices, montrant dans les moindres détails la mise en action des grands principes du droit. Ses élèves étaient frappés de la sûreté de son esprit, de la logique de ses déductions, de la sagacité avec laquelle il dégageait les règles générales et les combinait dans l'application. Ce qui caractérisait notre regretté collègue c'était, outre l'étendue des connaissances, la fermeté et la sévérité de l'esprit, la vigueur du raisonnement, la profondeur de l'analyse. Il allait droit au cœur des questions, il creusait une matière, et son exposition lucide ne laissait dans les esprits que des idées nettes, rigoureusement enchaînées. Et les élèves qu'il avait formés conservaient l'empreinte de sa méthode et reconnaissaient la haute valeur de leur maître. Il leur était sympathique parce qu'ils estimaient la loyauté de sa nature et parce qu'il leur portait une véritable affection; les témoignages touchants de leurs regrets parlent plus haut que tout ce que je pourrais dire sur les sentiments qu'il avait su leur inspirer.

Au barreau où il s'était fait une place honorable parmi ses confrères, chacun pouvait, comme dans les examens et les actes publics de l'École, apprécier la netteté de son intelligence, ses qualités de jurisconsulte

et la puissance de son argumentation. Parlant avec
conviction, il mettait une ardeur particulière à défendre
les causes qu'il avait adoptées, n'éludant aucune objec-
tion, mettant le doigt sur les difficultés, montrant la
raison décisive et la développant avec une force saisis-
sante. L'hommage rendu au mérite de l'avocat par l'un
des présidents de la Cour à l'audience d'hier, et la part
que la magistrature a prise au deuil du barreau et de
la Faculté honorent la mémoire de notre collègue; nous
en avons été profondément touchés.

Au milieu de ses travaux de l'École et du Palais,
Ortlieb trouvait le temps d'écrire, dans nos revues de
droit, dans nos recueils de jurisprudence, des articles
et des notes justement appréciés. Familier avec la lan-
gue allemande, il traduisait et annotait pour la Société
de législation comparée des documents législatifs, il
traitait des questions de droit international, et travail-
lait avec ardeur pour la nouvelle Société instituée en
vue de l'étude des améliorations à apporter dans l'enseignement supérieur. Dans nos délibérations de Faculté,
quand quelque projet de loi était soumis à notre examen,
nous prenions plaisir à l'entendre suivant avec une rare
perspicacité les conséquences éloignées d'une propo-
sition et démêlant les rapports les plus complexes.

Par-dessus tout, nous l'aimions parce qu'il était
animé des sentiments d'une cordiale confraternité et
que, dans cette droite nature, un caractère sûr s'alliait
à une vraie sensibilité. Nous revoyons encore ce regard

doux et profond où nous sentions cette chaleur du cœur, cette passion du bien, ces élans vers tout ce qui était juste, noble, élevé. Pendant six années nous avons vécu, et les plus jeunes d'entre nous ont été naturellement privilégiés, dans cette intimité fraternelle que rien n'est jamais venu troubler. Aussi, avec quelle sûreté de conscience et quel bonheur nous avons présenté Ortlieb à l'unanimité, dès qu'il a eu l'âge de trente ans, pour la chaire de procédure, et quand, le 25 juillet dernier, nous l'installions, c'était une fête de famille. Et pourtant déjà il planait un nuage sur cette joie qui devait être la dernière; la sœur de notre ami éprouvait les premières atteintes du mal qui l'emportait neuf jours après, dans toute la plénitude de sa jeunesse et de sa grâce. Cette vie si nécessaire aux siens était brusquement tranchée dans sa fleur. Elle était le charme, le rayon de soleil, la providence visible de cette maison attristée par la mort d'un père, par l'état maladif d'une mère.

Quelle fut la douleur de notre collègue qui avait pour cette sœur accomplie la tendresse d'un frère et d'un père à la fois, vous le savez ! Atteint par ce coup au plus profond de l'âme, il s'inclina devant cette dispensation accablante, mais il ne parvint pas à soulever ce poids d'affliction, il ne put même plus entrevoir pour lui dans l'avenir les joies les plus légitimes de ce monde. Il se sentait attiré vers sa sœur; il s'opérait en lui un détachement progressif des choses de la vie; et cependant il sentait qu'il fallait vivre pour sa mère, il redoublait alors de tendresse, de sollicitude et de dévouement. C'est auprès de cette tombe, devant ce monument dont il avait surveillé la construction, près de ces fleurs cultivées avec amour, qu'il venait s'entretenir avec cette sœur dont le souvenir ne le quittait jamais, et puiser des forces pour continuer sa tâche filiale. Il s'unissait à celle qu'il entrevoyait dans la lumière de l'immortalité, il lui demandait ses inspirations, quelque chose de sa foi sereine et fervente, et reprenait ensuite sa vie austère et décolorée.

Parfois des pressentiments s'emparaient de lui et lui causaient une inexprimable émotion, comme dans ce dernier jour de Pentecôte, après un culte fait auprès de sa mère et pour elle. Et quand les premiers symptômes de la maladie, tels qu'il les avait observés chez sa sœur, apparurent, il en comprit toute la signification. Il se serait abandonné avec une sorte de douceur à l'idée de la réunion céleste, s'il n'avait été effrayé de la solitude dans laquelle il devait laisser celle qui n'avait plus que lui pour appui. Au milieu de ses hallucinations et de ses rêves, il vivait avec sa sœur chérie ; un jour, se croyant à l'heure suprême, il avait fait ses adieux à sa mère, l'adjurant de se montrer ferme et résignée à la volonté de Dieu. Depuis, on l'entendait prier pour elle, suppliant que son fils ne lui fût pas retiré. Se préparant à quitter ce monde, tant qu'il a conservé la conscience de lui-même, il a eu les regards fixés sur la miséricorde divine et, tout en désirant que ce calice fût éloigné de ses lèvres, il a pu dire: Père, que ta volonté soit faite et non la mienne !

Comment parlerions-nous encore de notre douleur quand nous sentons les fardeaux d'une triple épreuve s'appesantissant successivement sur le cœur d'une femme, d'une mère si digne de tous les respects, si aimante, si religieuse ? Tous ceux pour lesquels elle vivait lui ont été repris, et ce fils unique, sa consolation, son espoir, sur la tête duquel elle réunissait toutes ses tendresses, n'est plus ! Elle a gravi ce calvaire avec des angoisses indicibles ; qui ne serait saisi pour elle d'une compassion sans bornes ? Ses neveux, ses parents l'entourent de leur pieuse affection, nous ne cesserons de lui témoigner notre profonde sympathie, mais celui-là a quitté ce monde qui pouvait panser ses blessures et lui faire trouver quelque saveur à la vie. Dieu lui reste avec sa grâce infinie ; il la soutiendra pendant la fin de son pèlerinage terrestre, et ses enfants bien-aimés l'accueilleront à l'heure marquée par la Providence, dans les demeures éternelles.

A revoir, Ortlieb, notre frère et notre ami ; ta place te sera conservée intacte dans nos cœurs. Le temps de notre confraternité a été court, mais, absent, nous te ferons vivre avec nous par un fidèle souvenir ; nous nous inspirerons de tes exemples, nous continuerons l'œuvre commune, en attendant que, l'un après l'autre, nous te rejoignions pour ne jamais nous séparer.

DISCOURS

DE M. LARCHER

BATONNIER DE L'ORDRE DES AVOCATS

Messieurs,

Il appartenait à la voix autorisée de M. le doyen de la Faculté de droit, de retracer, sur cette tombe si prématurément ouverte, la vie d'Ortlieb, et de vous dire, avec cette force et cette hauteur de pensée, cette éloquence du cœur, dont vous êtes encore émus, quelle perte a faite la Faculté de droit en perdant ce jeune professeur, si cruellement enlevé à la tendresse des siens, à l'affection de ses collègues et de ses amis, au respectueux attachement de ses élèves.

Mais je manquerais à l'attente de tous ceux qui m'entourent, si, avant de quitter cette place, de dire un dernier adieu à notre cher et regretté confrère, je ne venais, en leur nom, comme au mien, au nom de tout le barreau de Nancy, apporter ici l'expression de notre profonde douleur et de nos regrets unanimes.

Ortlieb nous appartenait aussi.

Il n'était pas seulement un homme de science pure; son activité, son amour du travail et du devoir, lui avaient inspiré la pensée de faire servir ses études et ses connaissances juridiques à la solution de ces mille difficultés que soulèvent sans cesse, dans la pratique, l'interprétation des lois et la concurrence des intérêts.

En quelques années, il avait réussi à s'ouvrir une seconde carrière, celle du barreau, et déjà il y avait conquis l'une des premières places, quand la mort est venue nous l'enlever.

C'est qu'en effet, Ortlieb avait toutes les qualités qui assurent le succès dans notre difficile et laborieuse profession.

A la science du jurisconsulte, il joignait cette rectitude de jugement, qui est, quoi qu'on dise, la condition essentielle, la qualité maîtresse de l'avocat, et sans laquelle il n'est pas de succès durable à espérer.

La pratique de l'audience et de la plaidoirie lui avaient rapidement donné l'habitude de la parole vive, claire et concise, qui ne fatigue pas l'attention, et cette prompte intelligence des affaires, si nécessaire au barreau.

A toutes ces solides qualités, qui en faisaient un avocat accompli et déjà mûri par les luttes de l'audience, Ortlieb joignait ces qualités du cœur et cette aménité de formes, qui lui gagnaient l'affection de tous ceux à qui il était donné de le connaître.

Tous ces éléments de succès, soutenus par une volonté énergique, une ardeur au travail qui ne reculait jamais devant les difficultés de la tâche, si ardues qu'elles fussent, devaient lui conquérir, et lui avaient déjà conquis une grande place parmi nous, à un âge où beaucoup commencent seulement à se faire connaître.

Il était l'honneur et l'exemple de notre jeune barreau.

Nous le comptions avec fierté parmi nos gloires futures.

C'était l'un des successeurs désignés d'avance à nos anciens.

Le temps n'était pas éloigné où l'estime et l'affection de ses confrères allaient couronner ses efforts, en l'appelant à siéger dans le conseil de l'Ordre, quand la mort impitoyable est venue frapper tant de jeunesse, de science et d'avenir !

Puisse l'expression des regrets et des sympathies de tous ses confrères être, pour sa mère et les siens, si cruellement éprouvés, un adoucissement à l'amertume de leur douleur !

DISCOURS

PRONONCÉ AU NOM

DES ÉTUDIANTS ET DES ANCIENS ÉLÈVES DE M. ORTLIEB

Par M. Émile NORBERG

MESSIEURS,

Mes camarades de la Faculté de droit ont bien voulu me charger de venir ici, en leur nom, dire un dernier adieu à notre regretté maître et ami. Cette tâche m'est pénible : d'anciens liens d'affection me font prendre une part plus vive à la poignante douleur où ce deuil jette une pauvre mère déjà si cruellement éprouvée, et pourtant il m'est doux de pouvoir ici, avec tous mes camarades, avec tous les anciens élèves de M. Ortlieb, payer à sa mémoire un dernier tribut non-seulement d'estime et de reconnaissance, mais aussi d'affection vraie et de regrets sincères.

M. le doyen Jalabert qui lui a toujours témoigné une

affection vraiment paternelle, — M⁰ Larcher qui vient de se faire l'interprète des sentiments de tout le barreau de Nancy, vous ont dit ce qu'a été cette vie toute de travail, de dévouement et d'affection filiale et fraternelle ; ils ont parlé du collègue, de l'homme, du fils ; — qu'il me soit permis de dire, au nom de mes camarades, ce que le Professeur a été pour les élèves. Sans parler de son talent, de sa facilité et de sa clarté d'exposition, je rappellerai seulement combien il s'attachait à mettre ses explications à la portée de tous et à rendre intéressants les côtés les plus arides de son cours. Les progrès de ses élèves lui étaient chers, et leurs succès lui semblaient la meilleure récompense de ses efforts.

Tous ceux qui l'ont approché, qui ont suivi son enseignement, garderont le souvenir de l'aménité, de la bienveillance qu'il apportait dans ses rapports avec nous ; — il était notre conseil et notre ami autant que notre maître ! C'est dire qu'un double deuil nous frappe aujourd'hui !

Puisse l'expression de notre douleur et de nos regrets être un adoucissement à l'affliction de sa pauvre mère !

ALLOCUTION

PRONONCÉE

PAR M. LE PRÉSIDENT DEMONTZEY

A L'AUDIENCE DE LA PREMIÈRE CHAMBRE DU TRIBUNAL CIVIL DE NANCY

Le 30 juin 1879

MESSIEURS LES AVOCATS,

Le Tribunal tout entier charge expressément son
Président de vous interpréter les sentiments de sympathique et douloureuse condoléance que lui inspire la
mort si prématurée de Me Ortlieb.

Quoique bien jeune encore, votre regretté confrère
avait su, par un labeur opiniâtre, par ses qualités à la
fois solides et brillantes, ainsi que par un talent incon-
testé, se créer une place distinguée au barreau de
Nancy : il est même permis d'affirmer, comme le disait
hier dans un discours éloquent et ému l'honorable

bâtonnier de l'Ordre, que M⁰ Ortlieb n'aurait pas tardé à s'élever plus haut encore.

Vous honorez vos morts, Messieurs les Avocats, et vous conservez pieusement leur mémoire : nous aussi nous les honorons avec vous, car, je ne saurais trop le répéter, la Magistrature se félicite et se félicitera toujours et en toutes circonstances, surtout dans les jours de deuil, d'être une grande confraternité du barreau.

Nancy, Imprimerie Berger-Levrault et Cⁱᵉ.

NANCY, IMPRIMERIE BERGER-LEVRAULT ET Cⁱᵉ